BEI GRIN MACHT SICH IHR
WISSEN BEZAHLT

AF155595

- Wir veröffentlichen Ihre Hausarbeit,
  Bachelor- und Masterarbeit

- Ihr eigenes eBook und Buch -
  weltweit in allen wichtigen Shops

- Verdienen Sie an jedem Verkauf

Jetzt bei www.GRIN.com hochladen
und kostenlos publizieren

Anne Grimmelmann, Vicky Schwierzy

Waldorfpädagogik - ein Überblick

GRIN Verlag

Bibliografische Information der Deutschen Nationalbibliothek:

Die Deutsche Bibliothek verzeichnet diese Publikation in der Deutschen National-
bibliografie; detaillierte bibliografische Daten sind im Internet über http://dnb.d-
nb.de/ abrufbar.

Impressum:

Copyright © 2005 GRIN Verlag GmbH
Druck und Bindung: Books on Demand GmbH, Norderstedt Germany
ISBN: 978-3-638-83936-5

Dieses Buch bei GRIN:

http://www.grin.com/de/e-book/78440/waldorfpaedagogik-ein-ueberblick

GRIN - Your knowledge has value

Der GRIN Verlag publiziert seit 1998 wissenschaftliche Arbeiten von Studenten, Hochschullehrern und anderen Akademikern als eBook und gedrucktes Buch. Die Verlagswebsite www.grin.com ist die ideale Plattform zur Veröffentlichung von Hausarbeiten, Abschlussarbeiten, wissenschaftlichen Aufsätzen, Dissertationen und Fachbüchern.

Besuchen Sie uns im Internet:

http://www.grin.com/

http://www.facebook.com/grincom

http://www.twitter.com/grin_com

Philipps-Universität Marburg

FB 21 Erziehungswissenschaften

PS: Schulen der Reformpädagogik

Referentinnen:

Vicky Schwierzy,

Anne Grimmelmann

Waldorfpädagogik

Inhaltsverzeichnis

1 Allgemeines zur Pädagogik der Waldorfschule

1.1 Die Wesensglieder des Menschen

Ausgehend vom Menschenbild Rudolf Steiners betrachtet man die Entwicklung vom Kleinkind zum Erwachsenen als eine Entfaltung in vier Stufen, sogenannten „Wesensgliedern", die jeweils sieben Jahre umfassen. Jeder Entwicklungsstufe wird dabei auch ein spezielles pädagogisches Konzept zugeordnet, das nicht selten auch einen besonderen „Charakter" des Pädagogen fordert. Hierbei ist natürlich immer zu beachten, dass sich das Kriterium immer nach den jeweiligen Eltern richtet, die einen Pädagogen in sein Amt einsetzt.

Die erste Entwicklungsstufe umfasst den Zeitraum von Geburt bis zum 7. Lebensjahr des Kindes, diese Zeit ist die „Zeit des physischen Leibes". In dieser Spanne ist das Kind vor allem sensibel für die Sinnesreize seiner Umgebung und schult das eigene sinnhafte Erfahren. Der entsprechende Erziehungsgrundsatz lautet hier auf Nachahmung des Vorbildes, wobei der Anspruch an den Erzieher deutlich erkennbar ist: Der Pädagoge sollte besonders im moralischen Sinne „gut" sein und den Kindern zum „guten" Vorbild dienen.

Das zweite Wesensglied ist der „Ätherleib", auch „Bildekräfteleib" genannt, bei dem die Entwicklung des Gedächtnisses und die Ausprägung der Vorstellungskraft vonstatten gehen. Diese Stufe beginnt mit dem 7. und endet mit dem 14. Lebensjahr. Als erzieherischer Grundsatz gelten hier Nachfolge des Kindes gegenüber der Autorität des Pädagogen.

Vom 14. bis zum 21. Lebensjahr folgt nun die dritte Stufe, der „Ätherleib", während der das abstrakte Denken und die freie Urteilskraft, aber auch die Trieb und Leidenschaften ausgebildet werden. Der erzieherische Grundsatz basiert nun auf der Förderung des selbständigen Denken und kritischen Hinterfragens, um Urteils-fähigkeit einzuüben.

Mit dem 21. Lebensjahr ist die Entwicklung schließlich abgeschlossen und das endgültige „Ich" des Menschen ist erreicht. Von nun an wird das Individuum als mündig und frei betrachtet, daher wird die Erziehung durch andere abgelöst von der Selbsterziehung.

ALTER	WESENSGLIED	ENTWICKLUNGS-PSYCHOL. CHAR.	ERZIEHUNGS-GRUNDSATZ
0-7 J.	Physischer Leib	Kind ist den Sinnesrei-zungen der Umwelt ausgeliefert	Nachahmung und Vorbild
7-14 J.	Ätherleib Bildekräfteleib	Gedächtnis bildet sich aus, freie Vorstellungen werden frei	Nachfolge und Autorität
14-21J.	Astralleib	Abstraktes Denken, freie Urteilskraft, Triebe und Leidenschaft	Förderung des selbständigen Den-ken und Urteilens
Ab 21 J. Ich		Mündigkeit und Freiheit	Ablösung der Er-ziehung durch Selbsterziehung

Quelle: http://www.hausarbeiten.de/faecher/hausarbeit/pac/22295.html

1.2 Die Temperamentenlehre

Die Kinder werden, entsprechend prominenter Wesenzüge, in „Temperamente" eingeteilt, die auf die Einteilung des Arztes Hippokrates von etwa 440 vor Christus zurückgeht. Er teilte die Menschen nach ihrem Wesen in vier Typen ein: Melancholiker, Sanguiniker, Choleriker und Phlegmatiker. Diese wiederum werden den Elementen Feuer, Wasser, Erde und Luft zugeordnet. Die gesamte mittelalterliche Medizin stützte sich auf dieses Gerüst, da auch alle Tätigkeiten und Lebensmittel in feuchte, trockene, kalte und warme eingeteilt und für die jeweiligen Leiden als heilend galten. In der Waldorfpädagogik wird diese Temperamentenlehre noch heute vertreten und es gilt dabei der Grundsatz „Gleiches mit Gleichem", sodass immer nur Schüler des gleichen „Temperamentes" beieinander sitzen. Das Temperament eines Kindes sollte sich auch auswirken auf die Wahl eines Musikinstrumentes und sonstige Aktivitäten.

Auch diese Eigenart der Waldorfpädagogik ist mit Einschränkungen zu betrachten, da, wie so oft, diese theoretische Lehre nicht grundsätzlich in die Praxis umgesetzt wird, zumal es bei der Vielzahl an Fächern und Projekten außerhalb des starren Sitzplanes der Klasse kaum möglich sein dürfte, Gruppen und Partnerarbeit stets entsprechend der Temperamente einzuteilen.

2   Der Lehrplan der Waldorfschule

Das wohl entscheidendste Prinzip der Waldorfschule ist, dass der Unterricht an den Entwicklungsstufen des Kindes orientiert ist, das heißt an dem zuvor schon erwähnten 7-Jahresstufenmodell. Die Waldorfpädagogik geht davon aus, dass man im Unterrichtsverlauf von der Analyse zur Synthese, vom Konkreten zum Abstrakten, vom Ganzen in die Teile und von der Nachahmung zu eigenen Ideen gehen muss.

In dieser Form wird im Unterricht insofern vorgegangen, dass die SchülerInnen z.B. sofort ab der 1. Klasse Bruchrechnung lernen, was der Analyse entspricht.

Von der 1. Bis zur 6. Bzw. 8. Klasse stellt der/die KlassenlehrerIn für die Schüler eine vertraute Autorität und eine feste Bezugsperson dar. In dieser Phase wird vor allem mit Bildern gearbeitet: Der Unterricht ist durch kunstvolle, aufwändige Tafelbilder anschaulich, verständlich und erlebbar. Das Konzept dieses bildhaften Unterrichts ist das Ansprechen mehrerer Sinne zum Lernen.

In der 1. Und 2. Klasse liegen die Schwerpunkte vor allem auf schreiben, lesen und rechnen (auch Bruchrechnung!), sowie 2 Fremdsprachen (zumeist Englisch und Französisch).

- In der 3. Und 4. Klasse baut die ganze Klasse gemeinsam im Laufe eines Schuljahres ein Haus. Wichtig ist außerdem die Unterrichtseinheit „vom Korn zum Brot".
- In der 5./6. Klasse erfolgt schließlich die Trennung von kognitiven, musisch-künstlerischen sowie handwerklichen Fächern (Gartenbau, Holzwerken, Metallwerken, Schneidern etc.).
- In den höhere Klassen hat der/die LehrerIn nicht mehr den Status einer Autoritätsperson sondern den als Lernbegleiter und Vermittler von Lerninhalten. Ab der 7. Klasse kommt eine 3.Fremdsprache hinzu sowie Chemie. Ab dieser Stufe wird auch verstärkt nachmittags unterrichtet.
- Von der 8. Bis zur 10.Klasse erfolgt eine stärkere Individualisierung z. B. in den Berufs- und Landwirtschaftspraktika.

Insgesamt wird auf kreative und künstlerische Tätigkeiten sehr viel Wert gelegt, auch die religiöse Erziehung hat einen hohen Stellenwert: wahlweise werden die SchülerInnen in katholischer, evangelischer oder freier christlicher Religion unterrichtet. Letzteres Ist vor allem für konfessionslose SchülerInnen relevant. Ein „Jahreszeitentisch" sowie religiöse Bilder an den Wänden sind in jedem Klassenraum zu finden.

Die Maxime der Waldorfpädagogik lautet: „Mit Verlassen der Schule soll der junge Mensch die Bereitschaft erworben haben, sein Leben lang zu lernen und das Selbstbewusstsein entwickelt haben, die Welt durch das eigene Tun zu bereichern und mitzugestalten."[1]

---

[1] www.waldorfschulemarburg.de

3   Unterrichtsstruktur – was ist eigentlich anders ?

3.1   Allgemein

Der Unterricht an der Waldorfschule ist nach dem Prinzip „Lernen mit Kopf, Herz und Hand" gegliedert. Das bedeutet, dass die ersten beiden Unterrichtsstunden des Tages Epochenunterricht („Kopf") stattfinden, darauf folgt musisch-künstlerischer Unterricht („Herz") und dann Handwerkliches/Sport („Hand"). Der Unterricht findet einzügig statt, das heißt, dass alle Schüler gemeinsam bis zur 12.Klasse unterrichtet werden. Die Klassen haben in der Regel eine Stärke von 35-40 SchülerInnen. Allerdings werden Englisch, Französisch, Eurythmie, Sport, Geometrie, Zeichnen, Musik, Computerunterricht und Übstunden etc. in halben Klassen unterrichtet und Werken, Gartenbau, Handarbeit, Plastizieren, Kupfertreiben und Malen sogar in Drittelklassen.

Insgesamt liegt die Lehrer-Schüler-Relation bei 1:12, während sie bei Regelschulen bei 1:18 liegt.[2]

In der Waldorfschule steht der künstlerische und praktische Unterricht gleichberechtigt neben der Ausbildung im naturwissenschaftlichen und sprachlichen Bereich. Während der ersten 8 Jahre   findet der Unterricht beim/ bei der selben KlassenlehrerIn statt, der/die zu Beginn des Vormittags im sogenannten Hauptunterricht beispielsweise für Schreiben- und Lesenlernen, rechnen, Natur- und Heimatkunde, Malen und Zeichnen usw. verantwortlich ist.

3.2   Epochenunterricht

Epochen sind Unterrichtseinheiten, die idealerweise 4 Wochen lang täglich zur selben Zeit stattfinden und zwar im allgemeinen morgens von 8-10 Uhr, also eine Doppelstunde lang. Das heißt in der Praxis 4x12 Stunden=48 Stunden insgesamt. Das entspricht dem Unterrichtspensum eines Schulhalbjahres.

Epochenunterricht findet vor allem in den kognitiven Fächern statt, das heißt in Erdkunde, Geschichte, Deutsch und Biologie.

Dabei ist es besonders wichtig, dass die Epoche ein Thema hat, das sich gut erarbeiten lässt. Während der Epoche sollen jeden Tag, jede Woche und vom Anfang bis zum Ende der Epoche sogenannte „Spannungsbögen" gezogen werden. Das bedeutet für den Unterrichtsverlauf, dass sowohl nach jeder Stunde, als auch nach jeder Woche und am Ende der Epoche für die SchülerInnen ein Ergebnis vorliegen muss.

Vorteile des Epochenunterrichts liegen wohl in der größeren Tiefe und der Berücksichtigung von Details bei der Erarbeitung. Die SchülerInnen erhalten die Möglichkeit sich sehr viel intensiver mit einem Thema auseinanderzusetzen als in traditionellen Unterrichtseinheiten. Auch hat das Gelernte Zeit sich „zu setzen" und verarbeitet zu werden. Ein großer Nachteil dieser Unterrichteinheiten ist natürlich, dass SchülerInnen die während dieser Zeit krank werden deutlich mehr in ei9nem Fach nachzuholen haben.

Beispiele für Themen im Epochenunterricht wären „Entdeckungen" in Erdkunde, „Mittelalter" in Geschichte oder „Embryologie" in Biologie. Auch im Fach Deutsch lässt sich der Epochenunterricht gut umsetzen, z. B. kann ein Buch bearbeitet werden. Es ist sehr wichtig, dass das Thema der Epoche groß genug ist, um es 4 Wochen lang intensiv bearbeiten zu können, allerdings darf es nicht zu groß sein, damit man sich nicht in Einzelheiten verliert und das ziehen der „Spannungsbögen" noch gelingt.

Nicht geeignet für den Epochenunterricht sind Lernstoffe, die durch wiederholendes Üben erlernt werden müssen. Hierzu zählen Fremdsprachen, Musik, Eurythmie und Sport.

3.3 Eurythmie

Wörtlich übersetzt bedeutet Eurythmie „schöne Bewegung", „schöner Rhythmus". Dabei wird eine innere Bewegung, die der Mensch bei Musik oder Dichtung empfindet in körperlicher Bewegung sichtbar gemacht. Der Rhythmus kann z.B. im Laufen durch die Schrittfolge, das Tempo und die Wegspur im Raum ausgedrückt

---

[2] Broschüre „Verein für Waldorfpädagogik e.V."

werden. Tonhöhe und Lautcharakter werden durch Gebärden von Armen und Händen dargestellt. Das innere Nachempfinden und das Ausdrücken von Lauten, Tönen und Rhythmen durch eigene Gebärden sollen auf den Zusammenklang von Körper und Geist harmonisierend wirken. Eurythmie ist in der Waldorfschule in allen Klassenstufen Unterrichtsfach. Zusätzlich gibt es spezielle Heileurythmiekurse.

3.4 Praktika

Anders als an gewöhnlichen Schulen absolvieren WaldorfschülerInnen während ihrer Schullaufbahn insgesamt 4 Praktika. In der 8.Klasse findet das erste Praktikum statt, und zwar ein 1-wöchiges Betriebspraktikum. Zum Abschluss des Gartenbauunterrichts wird in der 9. Klasse ein Landwirtschaftspraktikum gemacht, hierzu werden die SchülerInnen einzeln auf (zumeist Bio-)Höfe verteilt.

Nachdem zuvor Grundlagenkenntnisse der geometrischen Zusammenhänge am rechtwinkligen Dreieck vermittelt wurden, absolvieren die SchülerInnen in der 10. Klasse ein 1-2 -wöchiges Feldmesspraktikum. Das besondere Ziel dieses Praktikums ist es, im Rahmen einer Klassenfahrt selbstständig und gemeinsam eine exakte Landkarte der näheren Umgebung zu erstellen. Das letzte Praktikum findet in der 11. Klassestatt. Das sogenannte „Sozialpraktikum" absolvieren die SchülerInnen einzeln in selbstgewählten Einrichtungen in Deutschland im Ausland.

3.5 Klassenspiel

Jede 8. und 12. Klasse erarbeitet ein sogenanntes Klassenspiel, das die ganze Klasse am Ende mehrmals in festlichem Rahmen vor Publikum aufführt. Sowohl die Kulisse, als auch sämtliche Requisiten und Kostüme werden von den SchülerInnen selbst beschafft und hergestellt. Die Aufführungen sollen als pädagogisches Ziel die Vorstellungskraft und Phantasie der SchülerInnen positiv beeinflussen und außerdem das Selbstbewusstsein durch Erfahrung der persönlichen Ausdruckskraft der Stimme, der Gestik und Mimik und der Körpersprache stärken. Soziale sowie darstellende Fähigkeiten werden hierbei ebenso gefördert wie auch der praktische Umgang mit Literatur.

4   Lehrerausbildung

Es gibt spezielle private Hochschulen zur Ausbildung zum/zur WaldorflehrerIn, an diesen Hochschulen (z.b. in Stuttgart und Hamburg) gibt es verschiedene Wege die Ausbildung zu absolvieren:

Zum einen sind hier die Kurse für Klassen- Fach- und OberstufenlehrerInnen zu nennen. Diese Ausbildung kann man auf verschiedene Weisen absolvieren: ein Jahr lang ganztags (in Hamburg zum Beispiel täglich von 8:15 Uhr bis 17 Uhr) oder zwei Jahre halbtags. Die Ausbildung enthält zwei Schulpraktika und hat als Inhalte das Studium der Entwicklung des Menschen auf der Basis der von Rudolf Steiners Lehre neben einem breiten Feld künstlerischer Übungen: Musik, Sprachgestaltung, Eurythmie, Malen, Zeichnen, Plastizieren, Schauspiel und Pantomime. Voraussetzung für alle Studiengänge an diesen Hochschulen sind ein abgeschlossenes Hochschulstudium an einer staatlichen Hochschule oder auch eine entsprechende Berufsausbildung. Die Bezeichnung des erworbenen Abschlusses lautet „Befähigung zum Waldorflehrer". Die Kosten für die Ausbildung liegen in der privaten Hochschule Hamburg bei 130€/Monat.

Zu dieser Art „Grundstudium" bietet das Seminar für Waldorfpädagogik in Hamburg noch einen zweites Ausbildungsjahr als Aufbaustudiengang an, dieses findet ebenfalls ganztags statt. Der Schwerpunkt liegt hier in der Schulpraxis mit Hospitationen, langen Praktikumszeiten und der Teilnahme am kollegialen Leben einer Waldorfschule. Zusätzlich zu diesen Möglichkeiten, ganz- oder halbtags zu studieren, wird noch eine dritte angeboten, nämlich den „berufs- und studienbegleitenden Kurs" durchzuführen. Dieser dauert drei Jahre und findet einmal wöchentlich mit 4,5 Stunden sowie mit einem Intensivwochenende im Monat statt. Die Kosten für diesen Kurs liegen zum Beispiel an der privaten Hochschule in Hamburg bei 85€/Monat.

Außerdem werden Kurse für Französisch-, Englisch- und RussischlehrerInnen angeboten, die ebenfalls ein Jahr lang ganztags oder zwei Jahre lang halbtags stattfinden, hierfür wird die Beherrschung der jeweiligen Fremdsprache sowie das 1.

Staatsexamen oder ein vergleichbarer Hochschulabschluss vorausgesetzt., die Kosten für den Kurs liegen in Hamburg ebenfalls bei 130€ im Monat.[3]

Allerdings ist der Bedarf an Lehrern an Waldorfschulen durchaus größer, als die Zahl der AbsolventInnen an den vier deutschen Hochschulen für Waldorfpädagogik. Deshalb unterrichten zum Beispiel an der Waldorfschule Marburg viele „Quereinsteiger": MuttersprachlerInnen, die zum Beispiel in Frankreich als LehrerInnen ausgebildet wurden oder LehrerInnen, die ganz normale staatliche Hochschulen besucht haben, sich aber privat viel mit der Waldorfpädagogik befassen (Kinder,...) und vom Kollegium eingearbeitet wurden.

[3] www.waldorfseminar.de/c-alle-Kurse-im-Block.htm Zugriff am 16.02.2005

5   Literaturverzeichnis

1. www.waldorfschulemarburg.de Zugriff am 07.01.2005

2. Broschüre „Verein für Waldorfpädagogik e.V."

3. www.waldorfseminar.de Zugriff am 16.02.2005

4. http://www.hausarbeiten.de/faecher/hausarbeit/pac/22295.html zugriff am

    07.01.2005

5. Holm, Carsten: „Waldis" unter Leistungsdruck aus Spiegel special Nr.3/2004

    „Lernen fürs Leben – Reformwerkstatt Schule" S.18-20